끊임없이 사랑하라
마음의 별이 지기 전에

끊임없이 사랑하라
마음의 별이 지기 전에

손남태 지음

나라원

| 시인의 말 |

밤하늘에 무언가가 빛을 내고 있을 때
나는 그것이 무엇인지 알고 싶어
하늘로 꿈을 키웠다.

그러던 중 나 자신을 비추는 그 무언가가
낮에도 빛을 뿜고 있다는 생각이 들자,
잠들지 못하는 밤이 늘었다.

신록의 계절 5월에

| 차례 |

시인의 말   5

1부 수줍은 사랑

힘들여 웃다 보면	13
웃음	14
눈부처	15
이름	16
그가 왔다	19
한 사람을 사랑했네	21
사랑이 없다면	23
그대 있어 행복한 것을	25
깨닫는 순간	27
풀	29
수선화	30
그의 눈빛에 갇혀버린 내 눈빛을 기억하고 만다	31
기도하는 마음	32
나를 흔드는 그대가 있어	35
질경이	36
내게 만약	37
여전히 당신에게	39
연꽃	40

이제서야	41
그 사랑	44
잊힌 사람, 실루엣 사랑	46
안녕, 첫 짝꿍	49
춘몽(春夢)	51
튤립	53
내 살아가는 동안	55
말을 하면	57
그리움	58
청평댐에서	60

2부 뜨거운 열정

내가 꿈꾸는 세상	63
해바라기	65
거짓말	66
구두를 닦는 사람	68
내 사랑 라오(Lao)	70
살다 보면	73
우리가 알아야 할 것	75
생각의 힘	78
시가 써지지 않는 밤	81
다리	83
자정	85
지구촌 외계인	87
코스모스	89

홀로 길을 나서는 자는	91
그땐 왜 그랬을까	92
횡재	97
한때	98
건망증	99
그런 게 있어요	100
그럴 때면	103
벽	105
술 술 술	107
괜찮아요	108
잠자리 시집보내기	111
살아있는 것만이 상처를 입나니	112
삼계탕	114
소식	115

3부 조용한 사색

알밤	119
꽃단풍 사랑	120
억새	122
갈대	123
가을	124
마음의 평화	125
혹시	126
흔들리는 삶 속에서	129
글쎄요	132

김밥	133
수건 예찬	134
나 미처 몰랐네	135
마음의 빚으로 이기는 삶	137
신(神)의 한 수를 넘어	139
오늘도 잊지 않게 하소서	140
음악의 탄생	141
행복이 무어냐고 한다면	143
가슴이 머무는 곳	144
독서	148
떠다니는 여행	149
그는 지금쯤 홀로 정동길을 걷고 있을 게다	152
외로움에게	155
울음	157
이번 생이 다음 생에게	159
자유	161

4부 아쉬운 마음

무심코	165
너를 만나서 그랬다	166
물들고 있어요	170
부음	174
불의의 죽음에 대해서	176
이별이 전부인 삶일지라도	178
해질 무렵	181

그렇게 일렁이는 삶	183
자리	186
돌이킬 수 없다는 말	187
세월에 문득	189
만남과 이별	192
부재(不在) 1	193
부재(不在) 2	195
아쉬움	197
눈비	200
하늘을 품는 사랑이라서 때론 눈물이 난다	201

5부 개미의 향수

안성(安城)	205
고삼 호수	207
금광호수에서	208
미산저수지	209
죽주산성에서	211
누이	212
그 분	213
계시옵니다	215
괜스레	217

에필로그_ 개미의 자화상	219

1부

수줍은 사랑

힘들어 웃다 보면

풋풋한 아침의 햇살도

장엄한 석양도

짙은 어둠과 뜨거운 한낮이 있어

그렇게 누릴 수 있는 것이니

소중한 당신의 보물인

마음의 별이 지기 전에

끊임없이 사랑하라

이 지상의 나무는

쉽게 열매 맺는 법이 없다

애써 기뻐하고 힘들어 웃다 보면

지친 삶도 미소가 된다

그대가 보인다.

웃음[*]

찡그릴 때 못 봤다
화낼 때 몰랐다

너흰 이미
한 쌍이었다는 걸

둘이 나란히 서 있는
사람 본뜬 형상이란 걸

그래서 그랬나 보다
좋으면
그런가 보다.

[*] '웃음'이라는 낱말을 남녀로 의인화하여 쓴 시

눈부처

풀꽃이
예쁘다 말하지 마라
사랑스럽다 하지를 마라
내게
예쁘고 사랑스러운 것은
그대의 눈동자
그대의 눈길

그곳에 머문
내 사랑.

이름

나에게 그댄

그대라는 어감처럼

부드럽고 감미롭지요

헤어날 수 없는 향수처럼

아련하지요, 그대라는 이름은

가슴도 눈물을 흘린다는 사실

아파 본 사람만이

할 수 있는 말이겠지요

플라타너스 잎 사이로 보이는

그대라는 이름이

얼마나 아름다운지

아릿한 그리움인지

죽어서도 잊지 않아야 할

아니 잊을 수 없는

그대라는 말

영원히

그리고 함께 묻히고 싶은 말이어요

돌아갈 수 있을까요

오월의 그 푸른 가로수 길로

풋풋한 젊음이 숨가쁘게 다가오는

그대라는 사람의 이름으로

떨림으로

나에게 그댄

그대라는 말처럼

아프고 시린 말이어요

그래도

그 이름 하나에

오늘을 기대요

눈뜨고 잠들고

그렇게 살아갈 수 있는 걸요

감사해요

그대라는 이름이 있어.

그가 왔다

가만히 눈 감으면 그였어

가슴 촉촉한 무지개를 안고 그가 왔지

어느 날 불쑥 찾아오기도 했지만

이미 와버린 것처럼 다녀가기도 했어

봄 햇살에 익어가는 부끄러움이

낙엽에 치이듯

우리의 치아를 반짝 빛나게도 했지

마음이 감미로웠어

그가 남겨 놓은 편지 한 장에

물들어 버린 시간들

나는 지쳐버린 마음에 파블로 피카소의

그림을 얹어 밥을 짓고 노래를 불렀어

바람의 별들과 대지의 풋풋한 숨결

어디에 내놓아도 손색없는 화음

수풀에 잠들어버린 고요와 내 절망이

탄식하는 국화꽃 향기처럼

그가 왔어

물 아래 겹겹이 맺힌 포말같이

눈 감으면 그였어

네 작은 손이 마치 너의 이미지이듯

우린 계절의 터널 속에서

항상 만나고 헤어지고 그렇게 시간을 보내

커튼 처진 밤

돌아눕고 싶은 생각이면

해맑게 드리워지는 달빛

잊혔다 나타나곤 사라졌다 문을 두드리지

그는 그렇게 여러 얼굴이 되어

전령처럼 가버렸지

그러곤 수수께끼처럼 다시 찾아와

내 곁에 고이 잠든다네.

한 사람을 사랑했네

한 사람을 사랑했네
사랑은 물살처럼
모든 걸 안고 흐를 수 있는
힘이 있다네
하루에도 무수히 변하는
마음을 다독이며
살아나갈 힘을 준다네
한 사람을 사랑할 수 있다면
다른 모든 이도 사랑할 수
있음이니
한 사람을 사랑한다는 것이
결코 쉽지 않다는 것을
알아야 한다네
나를 잃는 것이 아니라
나를 찾는 것이
사랑이라네

사람을 사랑한다는 것이
그런 것이라네

한 사람을 사랑했네
광활한 우주에서
한 사람을 사랑하는 것은
너무나도 신기하고
놀라운 일이라네
별빛보다 더 투명한
가슴 안의 작은 등불이 되어
그 무엇보다
세상을 환하게 하는
힘이 된다네.

사랑이 없다면

사랑이 없다면

씩씩한 청춘들이 밤새 힘들어하지 않으리

골치 앓는 부모도 없으리

누군가에게 잘 보이려 애를 쓰지 않아도 되고

병상에 누워 있는 자로 인해 시름하지 않으리

미움과 싸움도 오해도 갖지 않을 테고

담장에 핀 장미도 꺾이지 않으리

무얼 신으로 삼든 상관하지 않으리

이성을 만나 수줍어할 일 없어 산뜻하고

떨림도 고통도 비켜나 웃는 낯 많겠지

거침없는 충고에 못된 버릇 고칠 테고

걱정 때문에 감췄던 병도 치료받겠지

새장에 갇힌 새에게는 자유를

들판을 메운 예쁜 꽃과

하늘의 별도 누구의 것이 아니라

모두 우리의 것이 되어 빛나리

무엇보다 나로 인해 아픈 사람 없다는 것
상처 줄 일 생기지 않아 기쁠 따름이네.

그대 있어 행복한 것을

봄이 오늘 길목엔

항상 산새 소리 들리니

청아한 마음 그지없어라

먼동 트는 아침

내어 줄 것 없는 내게도

한 줄기 햇살 쏟느니

사랑하는 사람아

그 무얼 더 바라겠느냐

눈 한번 감고 크게 뜨면

세상 놓인 모든 게

다 내 것인 것을

영원히 머물 수도

다 가질 수도 없는

인생

그 무얼 더 바라겠느냐
친절하게 웃고 인사하며
서로 기대며 살아가면
그뿐

사랑하는 사람아
그 무얼 더 바라겠느냐
그대 있어
행복한 것을.

깨닫는 순간

지금 내 곁에 있는 사람

영원히 함께할 수 없음을

깨닫는 순간

그렇게 정겹고 사랑스러울 수가 없어요

내일이란 시간 변함없이 찾아오겠지만

누구나 다 평화롭게

맞이할 수 있는 것이 아님을

깨닫는 순간

그렇게 오늘이 소중할 수가 없어요

같은 하늘 공간에 머무르며

인연을 맺고 사는 사람들이

끝없이 흐르는 미지의 세계에서

잠시 만난 것이란 것을

깨닫는 순간

그렇게 남다르게 보일 수가 없어요

말과 글, 느낌과 표정으로
서로의 마음을 읽고
감정을 공유하고 있음에도
미워하고 다투고
시기하며 산다는 것을
깨닫는 순간
그렇게 후회되는 순간이 없어요.

풀

풀 한 포기
우습다 밟지 마라
그도 어엿한 생명이다

바람에 온몸 맡기며
자유 즐기고픈

이른 아침 이슬에
목젖 적시고 싶은
떳떳한 목숨이다

풀 한 포기
가슴에 품고 살면
버젓한 기쁨에
마음조차 푸르다.

수선화

오는 사랑

막을 수는 있어도

가는 사랑

멈출 수는 없어라

호수에 비친

사랑이

말을 건네면

외로움도

꽃이 된다

슬픔도

꽃이 된다.

*수선화 꽃말 : 자기애, 고결함

그의 눈빛에 갇혀버린 내 눈빛을 기억하고 만다

그와 눈빛이 마주쳤다

나는 재빨리 눈을 돌려 그의 세상에서 뛰쳐나왔지만

조금 전 그의 눈빛 안에 갇혀버린 내 눈빛을 기억하고 만다

그와 나는 같은 시간에 있었지만

서로 다른 먼 곳을 여행하고 있다

같은 거리에 있다고 해도

햇살에 익은 바람의 농도가 같다고 해서

꿈꾸고 좋아하는 음식이 동일하지는 않다

나에게도 그의 눈빛이 있다.

그것을 볼모로 내게서

빼앗아간 내 눈빛의 반환을 요구하고 있다.

한 사람의 영혼에 또 다른 이의 영혼이

오랫동안 갇혀 있다

가슴이 텅 빈 것처럼 느껴질 때면 나는 그 거리에서

잃어버린 내 눈빛을 찾아 서성이고 만다.

기도하는 마음

내 사랑은 항상
기다리는 것이어서
기다린다는 것이
기도하는 마음이었습니다

사랑은 때론 매몰차지만
기도하는 기다림은
넓은 호수와 같아
무엇이든 담아낼 수 있으니
한결 가볍더랬습니다

사랑은
내게로 돌아올 그대를
기다리는 것도
내가 그대에게 돌아가도록
기도하는 것도 아닌

모든 걸 내려놓는 수행입니다.

우리는 그저
서로에 대해
안부를 묻고 행운을 기원하는
기도하는 마음을 갖는 것이기에

그 마음엔
애틋함과 간절함
그로 인한 힘겨움 없이
외롭지 않고 즐겁게
서로가 살아주길 바라는
바람만이 있을 뿐입니다

내 사랑은 항상
기도하는 것이어서

기도한다는 것이

기다리는 마음이었습니다

사랑은 때론 허무함에 매몰되지만

근심 없이 평안하게

서로가 살아주길 바라는

기대가 있는 것은

기다린다는 것은

기도하는 마음이었기에

그랬더랬습니다.

나를 흔드는 그대가 있어

그대가 옆에 있는 거와

없는 것은 다릅니다

방 안의 공기조차 그러하지요

옆에 있다면 보이지 않아도

단잠을 이루지만

함께 없다면 그 이유만으로

공허함이 넘칩니다

그대가 편안해서인지

습관인지는 모릅니다.

다만, 내 마음이 그대로 인해 흔들리는 것에

기분이 좋아집니다

그대가 있어

내 삶이 여울집니다.

질경이

낮추는 삶을
살고 싶은 이가 누가 있으랴
기꺼이 운명에 맞서는 삶이
고되지 않을 수 있으랴
모진 자리 찾아 굴하지 않고
유연한 잎 서로 의지해
이삭 꽃차례 이뤄내는
담대함이 희고 희더라
지나는 이의 발자취에
눈 흘기지 않는 것
남의 흔적 안고 사는 것도
밟히는 몸보다
밟는 마음이 먼저 다치니
낮은 자리의 삶이
때론 싱겁지 않음을
알기 때문이다.

*질경이 꽃말 : 발자취

내게 만약

내게 만약

시력을 잃게 되어

마지막으로 무엇이 보고 싶냐고

묻는다면

주저 없이 그대의 얼굴이라 말하겠습니다

그 고운 얼굴 떠올리면

평생 살아가야 할 힘을

얻을 수 있을 것만 같기 때문입니다

내게 만약

목소리를 잃게 되어

마지막으로 무슨 말을 하겠느냐고

묻는다면

주저 없이 당신을 사랑한다고 하겠습니다

그 말을 하지 않음으로써

평생 가슴 치며 후회하는

삶을 살고 싶지 않기 때문입니다

내게 만약

무엇이 보고 싶고

무슨 말을 할 거냐고

그대가 묻는다면

말이지요.

여전히 당신에게

빗물과 우렛소리만

가득한 날에도

우리는 기억하자

태양은 먹구름 위에서

여전히 당신에게

햇살 비추고 있음을.

연꽃

해 지면 오므리고
해 뜨면 가슴 편다고
욕하지 마라

우린 누군가에게
가지고 있는 모든 것
다 내어주며 사는지

물가에
네 얼굴 띄운다.

이제서야

여기 한 사람이 있네
모든 사랑 채우고도
남을 가슴 있는
한 사람이 있다네
헤어져도 만나듯 웃고
만나도 헤어지듯 미소 짓는
그런 사람이라네
늘 한결같은 사람이라서
더 아픈 사람이라지
비 오는 날처럼
마음 한편 촉촉이 적시는
그런 사람이라네
가까이하면 그럴수록
더 아픈 사람이라지
언제나 어깨 내어주면서도
내색하지 않고

더 챙겨주지 못해

안타까워하는 사람 있다네

나만 바라보는 것이 좋아서

그렇게 좋다고 해서

더 아픈 사람이라지

함께했던 시간이

그림처럼 펼쳐지는데

무엇이 잘못된 건지

이제야 보고파서

불러보고 싶은 사람이라

더 아픈 사람이라지

그림자 되어 떠난 자리에

홀로 남아

해지는 모습 바라보네

여기 한 사람이 있네

붉게 타오른

가슴속 언저리에 남은 상처처럼

더 아픈 사람이라지

그런 사람이라지

무엇이든 가득 담아 주려고

망설이지 않던 그 모습이

더 아픈 사람이라서

오늘도 잊히지 않는

그런 사람이라지.

그 사랑

별밤 하늘을 보면 떠올려지는 사람

눈빛 총총하여 강처럼 투명한 사람

힘이 들면 들수록 생각나는 사람

그렇게 꽃피고 열매 맺은 사람

추억 하나면 그런대로 견딜 수 있는 삶

이라고 말을 건넨 사람

오늘은 누굴 만나 미소 나눌까

뜨겁던 날의 하얀 그 사람

사는 동안 그렇게 꽃피고

열매 맺을 사람

아프면 힘이 되는 추억처럼

그럭저럭 지낼 수 있는 삶

이라고 손 내밀던 사람

둥근 세상 살다보면

언젠가 만나게 될 그 사람

그 사랑.

잊힌 사람, 실루엣 사랑

사랑이 아파도 좋을 때가 있더라

아파도 사랑하고 싶을 때가 있어

난 그 사람 잊지 못하리

유약한 감정 꾸짖어도 괜찮아

더 이상 오래 가지 않았으면 했지만

눈물이 앞을 가려도 좋아

그냥 그 사람 향기

그 실루엣, 그 무언가에 끌려서

슬픔이 무뎌진 가슴 언저리 꽃이 피니

나는 그 사랑 미워도 좋아

그가 나를 떠난다 해도

그 거리, 그 골목 잊지 못하리

내 꿈결 다하는 날까지

숨이 끊기는 순간에도 그 사랑, 그 사람

잊지 못할 것만 같아

마지막으로 손을 잡고 눈을 맞춰 물으리

내게 눈빛 주지 못할 사연 있는지

아님 그것조차 묻는 것이

의미 없는 것인지

살바람아 내게 기댄 사랑

그대에게 가서 전하라

그대도 나를 향기 가진 사람으로 기억하는가를

사랑이 아파도 좋아

사랑하고 싶을 때가 있어

그렇게 하면 좋을 때가 있지

애써 눈물짓지 마

지나간 시간도 오늘로써 그만

내 가슴에 머문 사랑, 사람

숨이 끊기는 날 잊히리, 잊혀지리

노란 슈트 룩 당찬 눈매에

실려 오는 실루엣 사랑

오늘도 그 고운 눈매 나를 지켜서네

그날 그 길목 그곳에 머문

내 기억 , 나의 사랑

잊힌 사람.

안녕, 첫 짝꿍

시간이 흘러 세상이 변하고

나이가 들어 감수성이 떨어져도

절대로 잊히지 않는 것이 있답니다

사는 풍파에 시달려 내일이 없고

주어진 삶에 여유 부릴 틈 없어도

싹둑 잘라버리지 못하는 것이 있답니다.

공허함이 쌓이면

숨겨진 꿈처럼 불쑥 머리 드는 것이 있답니다

아릿한 달뜸

달콤한 감정에 휩싸여 힘이 되는

과거로의 여행

순수하고 아름다운

마음의 결이 비단길처럼 무뎌지면

우리 모두는 어린애처럼
착한 어른이 된답니다.

춘몽(春夢)

산과 들에

꽃피고 산새 우니

내 마음에

푸른 희망 가득하옵니다

바람 좋고

물소리 고우니

발걸음도 저절로 요동치옵니다

하늘은 파랗고

땅도 기지개를 활짝 켜

세상 소식 전해오니

그대 올 날도 멀지 않을 터

꽃가루 날리우는

봄 햇살에

기분 좋은 것은

비단 나쁜 만이 아닙니다

그나저나

꽃 보면 가는 세월도

함께 보여

예쁠수록 시릴수록

마음 한편 울적한 것도

어찌 못하옵니다

봄에 삐친 마음

가눌 새 없이 날은

또 지옵니다.

튤립

나를 사랑한다 하니

그렇게 해요

마음 아파하지 말고

꽃피듯 새 울듯

그렇게 해요

여린 마음 뜻대로

되지 않을 테니

나뭇잎 풀잎

흔들리며 인사하듯

그렇게 해요

붉고 노란 가슴

수줍게 열고

헤아려 볼게요

나를 사랑한다 하니

그렇게 해요

내게 오는 마음에

돛을 펼쳐

희망의 꽃

피울 수 있다 하니

그렇게 해요.

* 튤립 꽃말 : 사랑의 고백

내 살아가는 동안

내 살아가는 동안

나도 기억하지 못하는

내 아주 작은 친절로

사람들의 가슴을 흐뭇하게

해줬으면 좋겠습니다

내 살아가는 동안

나도 의식하지 못하는

내 웃음 지은 얼굴로

사람들의 기분을 좋아지게

해줬으면 더욱 좋겠습니다

누가 옆에 없어도

누가 듣지 않아도

무심결에

다른 누군가의 기쁨을

함께 즐거워하고

다른 누군가의 슬픔을

같이 아파하며

또 다른 누군가를 위해

기도하고

축복해 준다면 더더욱 좋겠습니다

별을 보고

달을 보고

꽃을 보고

좋은 기억들을 떠올리고

그때마다 생각나는 사람들이 있다면

내 살아가는 동안

퍽이나 괜찮은 삶이라고

고객 끄덕일 것만 같습니다

내 살아가는 동안

나를 기억하고 내가 응원하는

그 누군가가 있다면

더더욱 그럴 것만 같습니다.

말을 하면

보고 싶다고

말을 하면

마음에 결이 듭니다

사랑한다고

말을 하면

생각에 사무칩니다

좋아한다고

말을 하면

가슴에 꽃이 핍니다

그립다고

말을 하면

영혼에 숲이 집니다.

그리움

사람이

누군가를 사랑한다는 것이

얼마나 고귀한 일인가

대단한 일인가

온전히 자신을 내어주면서도

기쁨을 받을 수 있다는 것은

또 얼마나 특별한 일인가

마냥 주고도 또 주고 싶은

마음이 든다는 것은

하늘의 천사도 쉽지 않을 것

보고 싶은 생각에

잠이 들지 못함은

또한 그 얼마나 오묘한 일인가

사람이

누군가를 그리워한다는 것이

얼마나 따뜻한 일인가

정겨운 일인가

만나지 못해도 떠올림만으로

행복을 얻을 수 있다는 것은

또 얼마나 신비한 일인가

가슴 태우고 또 설레는

마음 가져볼 수 있는 기회란

이 생애 그리 많지 않을 것

한 사람 생각에

힘이 솟고 생기가 흐름은

또한 그 얼마나 뭉클한 일인가.

청평댐에서

당신을 향한 그리움
더 이상 가두어 놓았다간

이 가슴이
펑하고 터질 것 같아
조금씩 조금씩
덜어 냅니다

이른 아침
물안개 사이로 흐르는
당신
참 얄궂습니다.

2부

뜨거운 열정

내가 꿈꾸는 세상

내가 꿈꾸는 세계는

무료함이 없는 즐거운 세상입니다

생각이 늘 떠다니는 세계를

만드는 것이 나의 희망입니다

즐거움은 함께하는 행복을 말합니다

욕심이 없는 세계가 아닙니다

더 주려고 노력하는 세상입니다

연민을 갖자는 것입니다

같은 시간과 공간을 공유하는 것은

커다란 행운이자 축복입니다

그러니 사랑하며 사십시오

티끌만한 존재가

더 작은 티끌을 얻고자 싸움을 합니다

서로에게 상처를 줍니다

으르렁거릴 시간이 없습니다

시간은 누구에게나 유한한 것이니

오로지 즐거운 일에만 열중하십시오

내가 생각하는 세계는
서로가 서로에게 의지하며
가엾게 생각하는 마음을 갖고
사는 삶입니다
항상 생각을 중심에 두고
어리석은 범죄와 어둠을
멈추는 일입니다
모든 가정이 사회가 세계가
인류라는 나무에 몸을 기대고
눈빛 마주치며 행복하게 사는 것입니다
그런 꿈을 현실로 만드는 것입니다
내가 꿈꾸는 세상은
그런 것입니다.

해바라기

고개 숙이니 보이네

여태 못 본 내 그림자.

거짓말

매일이 죽음이라지 가시덩굴 장미에
떠다니던 새벽 혼령은
우린 혼자 거니는 거리에서
절망을 맛보다 둥그렇게 떨어진
햇살에 추억을 입히고
헛된 웃음을 짓지
근데 그건 말이지
바람의 언덕에서 뜨거운 태양이
옷을 벗고
미친듯이 환호를 지르는 거야
어쨌든 풀잎은 우리 편이라고
늘 그랬듯이 말을 건네잖아
어린 하마 녀석이 초원을 움직이는
신비한 구름에 안장을 채우고는
움직인다 소리치는 몹쓸 거짓이지
우리 뭐 하러 여기까지 와서

이 고생을 하는지 몰라

떠나자고 하면 누구든지 따라갈 텐데

바보들의 합창처럼 오늘도 쿵쾅

비라도 내리든지

그랬으면 해.

구두를 닦는 사람

먼지 묻은 구두코에
손길 내미는 자만이 안다

누추한 것이 진솔하다는 것과
실은 낮은 곳에서
얼마나 많은 일이
일어나는지

혼탁한 세상도
누군가의 온기를 거치면
깨끗하게 되는 걸

해진 뒷굽을
눈여겨본 사람만이 안다

작은 일도 정성이면

세상 밝힐 큰 빛 낼 수 있고

어마어마한 일들도
실은 보이지 않는 곳에서
이루어지고 있음을

냄새 나는 구두를
귀하게 여기는 자만이
알 수 있다.

내 사랑 라오 (Lao)

"사바이디"

눈매가 매혹적인 여인이

독참파의 단아함처럼 깨워나는 방비앵의 아침

창문 너머 흙길에서 마주친 아이들이 운무(雲霧)처럼 살갑다

굴곡진 산과 들 그리고 강, 언덕을 넘어 찾아든 바람

한가롭게 벼줄기 뜯는 가축 뒤로 뭉게구름 피어나고

부족한 게 없어 모자람을 만족으로 아는 사람들이

여름 꽃을 피워 내게 인사를 한다

몸은 현재를 살지만

마음은 내일을 준비하는 사원의 기도가

하늘과 땅을 떠받치고 있어 산야는 물론

거리를 배회하는 풀꽃조차 나른하다

자비로운 불상이 자리한

비엔티안의 뜨거운 열기와 낯선 느낌

어둠 속에 숨어버린 별들을 불러내는 빠뚜사이 광장

내 사랑 라오!

잊힌 기억의 향수로 나를 안아준 땅

메콩 강은 하얀 치아처럼 반짝이며 장엄하게 흐르니

언젠가 그대들의 심장이 세상을 울리리라

먼 과거 욕심 많은 신$^{(神)}$이 혼자 즐기려 자신의

가슴에 가둬버린 라오

낮은 가로수는 수줍고 창공은 푸르러

어리석은 신이 목숨을 다해 유언을 남겨놓는 날

채울 수 없는 정념도, 가둬버린 심욕도 사라져

인도차이나 반도가 그대의 품에서 눈을 뜨리

날개를 펴리, 느긋한 그곳에서 가벼운 옷 갈아입고

비어 라오$^{(Beer\ Lao)}$ 한 잔에 춤을 추리

라오! 잊지 말게

넓은 우주, 많은 이들이 사는 지구 한편

태양을 향해 우뚝 솟은 대나무처럼

'생명의 나무' 자라는 계곡에서 울려 퍼지는 새소리, 물소리

거대한 숲속의 정령들이

그대들의 노곤한 어깨를 다독여 줄 것이니

비단 같은 숨결, 아릿한 얼굴들이

내 마음 깊은 곳에 들어앉아 즐겁게 노래 부를 것

못 이룬 사랑처럼 가슴 시린

내 사랑 라오!

붉은 쏭강에 빗줄기 휘몰아치는

밤사이 오늘도

"사바이디"

살다 보면

사랑도 때론 힘이 들더라

사람 마음 얻는 것이

높은 산 오르는 것처럼

숨이 차더라

받는 것 없어도 힘이 들더라

그러니 다른 거 물어 무엇하리

날아가는 새도 날갯짓에

힘겨워 울고

기울어가는 해도 숨이 차

붉게 물드니

세상 무엇 하나

그리 쉬운 일이 있을까

사랑도 때론 울컥 하더라

사람 마음 얻는 것이

낮게 흐르는 물처럼

애련하더라

지닌 거 다 줘도 모자라더라

그러니 다른 거 물어 무엇 하리

마음 가는 일은 몰라도

거두는 일은 쉽지 않으니

세상 무엇 하나

그리 무른 일이 있을까.

우리가 알아야 할 것

우리가 가지고

있는 것은

아무것도 아녜요

어느 한순간에 있다가도

없는 것

그것이 평화라 해도

신념이라 해도

부유한 삶이라 해도

아무것도 아녜요

그러니 소리 내어

자신하지 말아요

어느 한순간에

없다가도 있는 것이니

우리가 가지고

있는 것은

설사 보인다 하여도

손에 쥐었다 하여도

아무것도 아녜요

그것이 얼마나

허망한 것인지

얼마나 단단하지 않은지

쉬이 변할 수 있는지

그러니

자만하지 말아요

우리가 가지고

있는 것은

아무것도 아녜요

우리가 얼마나

나약한지 무모한지

설사 튼튼해 보여도

그것이 얼마나

약한 것 위에 얹어져

위태로운지

믿을 수 없는 것인지

쉬이 뒤엎을 수 있는지

제발

제대로

알아야 할 것

같아요.

생각의 힘

어느 순간
이건 아니다 싶을 때가 있지
양심이 눈을 뜨거나
뜨거운 의협심이 솟아오를 때
떠난 사랑에 대한 집착이
불쑥 머리를 내밀 때면
저어하는 마음에
스스로를 돌아보게 하는 힘
흰 국화를 보게 되면
절로 차분하게 된다든가
반려견의 순한 눈동자에
엄마 미소 짓게 된다든지
차를 마실 때면
향기부터 음미하게 되는
어쩔 수 없는 힘이
때론 사람을 기분 좋게

한단 말이야

오래된 편지를 읽었어
시간 여행이 시작됐지
감정이 실하게 돋아나
이거다 싶었지
그 사람과 대화를 하듯
마구 오감이 쏟아져
나도 나를 제어하지 못하는
네 정체가 궁금했어
그런데 말이야
마치 계획된 움직임에 따라
추억을 만들고
사랑을 나누면서
잘 학습된 현재를
미래에 담아내는 노력이

어느 순간

이건 아니다 싶었지

처음 보는 사람이

맨 마지막에 남겨진

이 시간처럼 말이야

고독의 힘이

외로움보다 강하게

느껴질 때면

난 항상 너를 생각해.

시가 써지지 않는 밤

오늘도 많은 사람들을 만났지만

집으로 돌아와서는

선뜻 떠올려지는 사람이 없다

사건이 있었다면 기억될 일이건만

손을 잡고 인사를 나눴음에도

도통 그려지는 인물이 없다는 건

누구의 책임일까

시가 써지지 않는 밤

사람들이 자꾸만 내 안에서

빠져나가는 것 같아

근심에 걱정이 더해지지만

집으로 돌아와서는

미처 아무도 생각나지 않는

시도 시시해지는 밤

사람 소식 끊긴 거리에서
연인을 찾듯 인연을 더듬어보는
나는

마침내 정신을 가다듬어
무뎌진 감각을 되살리고자 하나
도통
떠올려지는 사람이 없다.

다리

우리 모두는

누군가의 무엇으로

한평생 살아가는 것

스쳐가는

사람들의 생각대로

채색되는 것

높다란 하늘 마주하는

길이 되든

그 아래 그늘이 되어

쉼터로 남든

우리 모두는

누군가의 무엇으로

한평생 살아가는 것

힘겨워도
희망을 이어가는 것

만남과 이별이
기쁨이든
가슴앓이 상처이든

서로를 위로하면서
마주 지켜보는 것

우리 모두는
누군가의 무엇으로
한평생 살아가는 것.

자정

감미로운 달빛에

마음조차

은은해지는 시간

별빛마저 숨죽인

침묵 속에

알싸한 한기 들어

깨어나는 밤

님은 그곳에서

나를 맞이하네

세상 다 가진 듯한

고요와

모든 이의 이야기를

아는 듯한

어둠과

하얀 입김 속에 피어나는

고독의 힘

우주와 별과 달과

어둠과 고요와

고독은

나의 일상이요

그것은 나의

양식이라네.

지구촌 외계인

지구촌 곳곳은 매일이 전쟁터다
싸우다가 지쳐도 포기하지 않는다
전쟁과 평화는 평화와 전쟁일 뿐
죽음을 무서워하는 사람도
무서워하는 죽음을 위해
기꺼이 무기를 든다
사랑을 지키려는 푸시킨*의 전쟁은
그래도 낭만적이다
종교 때문에 총을 들고
자존심 때문에 포를 날리고
욕심 때문에 전투기를 띄운다
입으론 평화를 외치지만
마음속 깊은 곳은 싸움을 원한다
끊임없이 침공하고
중단 없이 탄압하고
멈춤 없이 공포를 만들면서

평화를 내세운다

인류의 역사는 도전과 응징이라는

결코 아름답지 않은 수식어를 동원해

행복을 앗아가고 있다

사람의 얼굴을 한 외계인이

지구 곳곳을 싸움터로 만들고 있다.

*푸시킨은 1837년 아내와 염문설이 있던 장교와의 권총 결투에서 져서 사망했다.

코스모스

가끔은 흔들려야

중심을 잡지

위태로워 아름다운

살살이꽃

오늘도 바람과

사이좋게 논다.

홀로 길을 나서는 자는

홀로 길을 나서는 자는
이미 혼자가 아닌 것처럼 당당하다네

무엇이 걱정인가
멀쩡한 육체에 넘어져도 일어날 의지가 있다면
그 어떤 난관도 문제없이 헤쳐나가리
지금 겪는 어려움과 걱정, 불안한 마음은
모든 이가 모여드는 길목에서
누구나 맞닥뜨리는 그림자라네
저 멀리 해가 뜨면 그곳으로 눈을 돌리고
땅거미 등 뒤로 내려앉으면
조용히 옷깃을 세워 물리쳐 보게
발걸음 소리 내어 걷는 자는 두려움 없이
숲속 정령을 불러내어 노래하리
나뭇잎 떨리는 시간이 왔네
물웅덩이를 거니는 소금쟁이가

몸을 움직여 둥근 내일을 그려간다네

가는 길이 보이지 않는다고

투정을 부리지 말게

마음의 눈으로 보는 세상은

홀로 길을 나서는 자처럼 어둡지 않네

가슴을 펴게

시간은 조급해하는 자의 편이 아니라

홀로 나아가려 주먹 쥔

애써 웃는 자에게 있다네

그대의 용기에 있다네

그대 자신을 믿으면 그 믿음이

넓은 대지를 내어주리

난 항시 태양을 믿어 왔네

밝고 환한 빛이 땅속 깊이 스며들어

새벽길 나서는 그대와

동행하리, 말벗이 되리.

그땐 왜 그랬을까

돌이켜 보면
사는 게 별것 아니었다

기쁘고 슬픈 게
종이 한 장 차이이고

있는 거와
없는 게 그럭저럭
이해할 만했다

예쁘고 못난 게
마음의 차이일 뿐
무엇이 진실이고
어떤 게 사실인지
몰랐다

고맙고 미안한 것이

마음을 울렸을 뿐

행동으로 옮기지 못했다

무엇이 깨끗하고

어느 것이 고운 지

몰랐다

돌이켜 보면

나는 감각으로

하루를 살았다

그땐 왜 그랬을까

시간이 무한정

내게 주어진 것으로

착각했다

옳고 그릇 것과

향기롭고 역한 것이

대체 무엇이란 말인가

비가 오는 하늘

어둠이 찾는 창가에

서면

그땐 왜 그랬을까

하는 마음이

천지를 적셨다

보이는 거와

보이지 않는

경계가

마음을 흔들었다

그땐 왜 그랬을까

하고 싶은 말

느낀 생각을

왜 표현하지 않았을까

무엇이 미웠고

어느 것이 잘못됐는지

왜 구분했고

무엇으로 판단했는지

지금은 모르겠다

내가 생각하는 건

현재를 읽는 표현일 뿐

후회와 용서를

바라는 작은 용기라는 걸

그땐 왜 몰랐을까

마음이 흔들리고
삶이 요동쳐
가슴이 흐느끼는 걸
왜 몰랐을까

무엇이 그리도
나를 옥죄었는지

비가 오는 하늘
어둠이 찾는 창가에 서면
그땐 왜 그랬을까

가슴 눌린
아픔만이 남아 떠돌고 있다.

횡재

생일을 거꾸로 읽으면 일생
생일날 일생을 선물 받았다.

한때

웃으세요
사랑하세요

많이 만나세요
많이 얘기하세요

남은 시간이
없어요.

건망증

깜박할 수도 있지
그게 뭐라고

그럴 수도 있지
그게 뭐라고

손에 든 휴대폰
찾고 있는 나

까르르 웃다
정신이 번쩍.

그런 게 있어요

살다 보면

그런 게 있어요

알 수 없는 불안감에

잠 못 드는 밤이 있듯이

남에게는 하지 못하는

혼자만의 어떤 독백

그런 게 있어요

사랑하는 마음 있어도

표현하지 않고

안으로 삭히면서도

서운해 하지 않는

배려와 여유

그런 게 있어요

세상 많은 것들이

시들해지고 의기소침해

아무것도 하기 싫은

날이 있다가도
무심히 흘러가 버린
시간을 알아차리죠
그런 게 있어요
꽃을 보다 생각나는
사람이 있고
밥을 먹다 떠올려지는
풍경이 있고
비슷해 보이는
사람이 참 많다는 것을

살다 보면
그런 게 있어요
문득 문득
아는 사람이 진짜
그 사람인지

그 마음인지

도저히 이해할 수 없는

그런 게 있어요

사람이 많다고 해서

꼭 외롭지 않은 것도

내 편이 많은 것도

아니고

매일 같은 날인 것처럼

느껴져도

그렇지만은 않은 것을

알아차리는

그런 게 있어요.

그럴 때면

살아가는 동안

남을 미워하는 마음

생길 수도 있지

뜻대로 되지 않아

속상할 때도 많지

그럴 때면 가슴 펴고

미소 한 번 지어보자

그럴 수도 있지

머리 끄덕여 보자

살아가는 동안

불쌍한 이웃 외면하고

내 배만 채울 때가 있지

상처 주는 말도 하지

욕심 때문에

괴로울 때도 있지

그럴 때면 그만하자

그럴 수는 없지

마음 다그쳐 보자.

벽

너 하나를 사이에 두고

인간의 존엄과

끔찍한 야만이

먼 나라 일이듯

행해지고

너 하나를 사이에 두고

삶과 죽음이

너무나도 평온하게

갈라진다네

이성과 비이성

합법과 무법이

아무 일 없는 듯

질주하는 세상

너 하나를 사이에 두고

무심히 살아가는

우리가

자전하는 지구만큼

기묘하다네

무섭고도

두렵다네.

술 술 술

술 술 술

사람들이
술을 찾는 이유는

뭐든지 잘 넘어갔으면 하는
마음이 있어서일 게다

꼬인 매듭이 잘 풀렸으면 하는
바람이 있어서일 게다

오늘밤도 술잔을 기울이며
술 술 술
소망하는 군상들 사이로

내가 보인다.

괜찮아요

가끔은
다른 사람들의 삶이
나보다 낫다는 생각이
들 때가 있어요
다른 이의 마음을
얻지 못해 서운하고
속상했던 적도 있지요
말 한마디에 상처를 입고
풀 죽은 자신감에
용기를 잃은 적도 있어요
그렇지만 괜찮아요
우린 처음부터 많은 것을
갖고 있지 않았어요
나도 나 자신을 어찌할 수
없을 때가 있는 걸요
내가 무심코 뱉은 말에

가시도 있었어요

그러나 괜찮아요

우리의 삶은

주고받고 지켜보면서

함께 세월을

맞춰가는 것이니

위로하고 위안을 주면서

하루를 보내면 어떨까요

실은 우리의 문제는

다른 곳에 있잖아요

알 수 없는 곳에서

정해지지 않는 곳으로

떠나야 하는 험난한

길 말이지요

다양한 그림을 만날 거예요

재미가 있다고 믿어요

가끔은

먼 산에 호령도 치고

맛난 것도 사양해 보는

사치를 부려보아요

사소한 것에

시간을 낭비하면서

비가 오면

빗물에 젖은 채로

이글거리는 태양에

맨몸을 드러내는

모험도 즐기면서

달아나는 시간에 손을

흔들어 보아요

모든 게 괜찮아요

하면서요.

잠자리 시집보내기

얼마나 아팠을까

무서웠을까

꼬리에 박힌

강아지풀이

또 얼마나 버거웠을까

예기치 않은 할례로

눈물 괸 큰 눈망울

몰골사납게

집으로 돌아가는 길은

아득한데

뭉게구름 걸린

가을 창공.

살아있는 것만이 상처를 입나니

살아있는 것만이 상처를 입나니
견디고 또 견디는 것만이
유일한 희망

배나무는 우박을 맞아
농부의 근심을 사고
날아가는 철새는 둥근달이 이지러져
목청을 높인다

걱정 없이 웃는 웃음은
싱거워 허탈한 법

누구나 시간에 간을 맞춰
일생을 사노니
그 생채기에 절망 심고
우는 이 없기를

살아있는 것만이 상처를 입나니

참아 견디고 또 견디면

좋은 날 오려니

평온한 밤 맞으리

볏잎에 떨어지는 소나기도

농부의 마음에 빗금을 긋고

들판에 누운 보리도

바람 지나면 일어서는 법

유일한 희망은

견디고 또 견디는 것.

삼계탕

너를 입에 대면서

내 것 아닌 내 삶을 돌아본다

남의 살로 연명하는 목숨

너도 사랑하는 가족이 있었을 테고

한때는 큰 꿈 품고 날갯짓도 해봤을 테지

그러니 남김 없이 맛있게 먹어줘야지

너의 자존심을 지켜주는 길은 이것뿐이니

남의 살로 살아가는 인생

무엇 하나 내 것으로 자족하는 것이 없으니

내 것 아닌 내 삶을 돌아본다

너도 누군가를 기다려 봤을 테고

인사 나눌 기회 없이 쫓기듯

우리에게 왔을 테지

그러니 예우를 갖춰 배웅해야지

언젠가는 나 또한 너의 살로 돌아갈 것이니.

소식

깊은 밤

가만히 앉아

밤하늘의 별을 보면

그 속에

어른거리는 사람이 있어

손을 뻗고

마음이 길을 낸다

홀로

생각하는 밤

외로움이 바람이 되는 밤

어쩌면

저리도 고운 생각의 결이

자리 잡고 있는지

깊은 밤

우리 여기 모여

내가 네가 되고

네가 내가 되는

가엾은 존재가 되어

한없이 울어볼까나

기울어진

밤이 깊어 또 울고

그러다 잠이 되는

하루를 보내면

저 찬연한 별똥별 하나

내게로 오겠지

어둠을 뚫고

터벅터벅

기꺼이 창 두드리며

꿈결처럼 오겠지

그리 찾아오겠지.

3부

조용한 사색

알밤

겉은 까칠해도

내어줄 때를 아는

너

가을이

사랑과

톡$^{(talk)}$하다.

꽃단풍 사랑

예쁜 꽃구경한다고
먼 산 바라보지 마시라
집 앞 정원에도
화려한 꽃은 피고

단풍 구경 간다고
아침부터 재촉 마시라
마을 입구에도 울긋불긋
단풍 익어가고 있으니

멀리 떠난 사랑
찾아 나선 그대여

높은 산에 핀 꽃이
거친 바람에 흩날리고
해진 단풍이

서리 맞아 떨어지면

되돌아올 사랑

노을 되어 기다리는

나를 기억해 줘요.

억새

흔들리는 것은 네가 아니다
소리 내어 우는 것도 네가 아니다

그러니 억세게 저항하라
보이지 않는 것들을 향해서.

갈대

그리운 이름

물결에 새겨보면

강 숲 아래

비치는

그대 얼굴

마음 빚어

보낸 연정(戀情)

되돌아온

누런 편지

새벽녘

물 숨소리에

뒤척이는

풀잎 하나

곱게 물들다.

가을

가을은

외로운 계절이다

나무와 들

강과 호수가 아름다운 시간이다

모두와 사랑을 나누고 싶은 때다

감미로운 음악 들으며

낙엽을 밟으면

외로움도 즐거움이 되는

볕 따뜻한 햇살의 감촉,

가을은 고운 때깔에

마음 부스럭대는

청혼의 계절.

마음의 평화

사람의 마음을 얻기는 힘들다
내가 진심을 다한 것과
관계없이
그가 받아들이기 나름이다
그러니
내가 나의 기준으로 주고
받아들이면 그뿐
타인 때문에
나를 힘들게 하지 마라
그는 그고
나는 나이므로
타인으로 하여금
나를 괴롭히지 마라
아무것도 걱정하지 마라
그는 그이므로
내가 아니다.

혹시

혹시나 살아가면서 물욕의 물살이
당신을 힘들게 할 때면
아무리 노력해도 되지 않는 일에
마음이 몹시 상하게 될 때면
다른 이에게 상처받고
오히려 자신 책임으로 자책할 때면
남의 말에 주눅이 들어
있던 실력도 발휘 못하게 될 때면
용서받고자 하는 사람이
이 세상에 있지 않아 후회될 때면
투명한 물결에 웃음 몇 조각 보태어
떠나보내세요.
그러다 어느 날 이유 없이
피식 웃음기 나와 기분 풀어진다면
떠나보낸 웃음 한 조각
되돌아왔다고 생각하고 진정하세요.

나머지 웃음 조각이 당신을 대신해

길고 깊은 강가 돌고 돌아

이 모든 감정을 정화시킨 것이니

그 수고로움을 봐서라도요.

혹시나 살아가면서 저녁 하늘처럼

쓸쓸함이 당신을 유혹할 때면

지나간 시간 속 잊힌 사람들로

보고 싶은 마음 가득할 때면

나보다 더 잘된 사람들로

시기심과 질투가 머리에 가득 찰 때면

잘한 일보다 못한 일로 평가받거나

올바르지 못한 일로 세상이 답답할 때면

서운함이 미움으로 다시 분노로

가슴 속이 뜨거워지게 될 때면

투명한 창공에 한숨 몇 조각 길게

내어 질러 보세요.

그러다 어느 날 이유 없이

흐음 하는 탄식으로 가슴이 개운해지면

내어 지른 한숨 한 조각

되돌아왔다고 생각하고 안정하세요.

나머지 한숨 조각이 당신을 대신해

넓고 큰 하늘 날고 날아

이 모든 감정을 순화시킨 것이니

그 고달픔을 봐서라도요.

흔들리는 삶 속에서

시간이 가고

세월이 흐르고

나이를 먹는 것

이 또한 나의 삶이니

즐기며 살아야지

사랑도 슬픔도 기쁨도

함께한 모든 게

나의 것이니

보듬고 가야지

지는 해를 보는 것처럼

밤 구름에 묻힌 달처럼

허무해 덧없다 해도

받아들여야지 감내해야지

맑은 하늘 올려보고

어둡게 고개 들어 물어보니

가까이 있던 시간이

내 손에서 벗어나려 하네

이 가슴은 아직 청춘인데

내 사랑은 아직 그대론데

잊히는 것이 그대이지

내가 아니라 변명해도

내 삶이 그렇다면

즐겨야지 안고 가야지

그리운 이들과 헤어진 후

집으로 돌아가는 길에

문득 그려지는 사람 있다면

마음 기대며 걸어야지

그것도 나의 삶이니

웃으며 가야지

사랑이 멀리 떠나도

그 사람 여기 서성이고

그대 기억

곁에 머물고 있으니

그리 애잔해 할 것 없어

그렇게 해야지

떠나는 것 무엇 하나

막지 못하니

서둘러 내려놓아야지

그렇게 해야지

시간은 가고

세월은 흐르고

나이를 먹는 것처럼

무엇 하나 막지 못하니.

글쎄요

우린 흔히 누군가를 만났다고 한다
만났다는 것은 무엇을 의미하는가
무엇을 만났다는 것일까
내 눈에 맺힌 피사체는
정말이지 그일까

형상 속의 영혼을 만났다는 것인지
영혼을 가둔 형상을 대했다는 것인지
알다가도 모를 일.

김밥

여러 가지 생각을

데치고 볶아

둥글게 말아 올린

세상

물리지 않아 좋다.

수건 예찬

'쇠로 만든 낯가죽' 뚫고
매일 자라나는
수염도 신통하지만

그런 수염 매끈하게
깎아내는 면도기도
기특하지만

이런 놈들
혈투 벌인 전쟁터를
비위 좋게 훔쳐내는
너야말로 대단하다.

나 미처 몰랐네

나 미처 몰랐네

하늘이 무너진다는 말

그 말이 얼마나 무서운 말인지

있어서는 안 되는 말인지

큰일 나는 말인지

하늘이 무너지면

다 무너진다는 걸

나 미처 몰랐네

가슴이 내려앉는다는 말

그 말이 얼마나 불길한 말인지

믿고 싶지 않은 말인지

나 미처 몰랐네

하늘이 무너지고

가슴이 내려앉는다는 말

그 말 차마 입에 담을 수 없는

담고 살 말이 아니라는 걸

나 미처 몰랐네
하늘이 무너지고
가슴이 내려앉으면
세상 모든 게
다 무너져 내려앉는다는 걸
나 미처 몰랐네.

마음의 빛으로 이기는 삶

모두가 다 이길 수는 없지

다 앞서갈 수는 없지

마음먹은 대로 될 수는 없지

다 그리될 순 없단 말이지

지는 이가 있고, 뒤처지는 자가 있고

절망에 시름하는 사람 있어

어느 누구는 행운의 키를 들고

영광을 누릴 수 있는 것

우리 하나만 기억하자

승리자는, 바라던 바를 얻은 자는

순조롭게 삶을 채워가는 자는

언제나 마음의 빚을 가지고

그것으로 괴로워할 것

행복도 자신감도 잠깐 내려놓고

불운이 있는 자를 위해 기도할 것

그들의 마음을 읽고 위로할 것

모든 행운은

누군가의 희망과 기대를

밟고 딛은 영광일 수 있으니

자만은 금물

나무는 뿌리가 있어 굳건하고

기쁨은 고통이 거름되어

환희로 자라는 것

그대, 다 가지려 한다면

그리될 수 있다 믿으면

우는 자를 밀어내면

모든 걸 다 잃게 될 것

그 또한 명심할 것

마음의 빚 새기며 사는 사람들이

많아지면

모두가 이기고 앞서가는 삶

될 수 있을 것이라네.

신$^{(神)}$의 한 수를 넘어

인간의 욕심을 우려한 신은

마음을 보이지 않게 만들어

훔쳐갈 수 없도록 했지만

영악한 인간은 감정을 창조해

마음을 움직이기에 이르렀다.

오늘도 잊지 않게 하소서

오늘 내가 먹다 남긴 음식이
굶주림에 허덕이는 어느 누군가에게는
상상도 하지 못할 귀한 양식임을
잊지 않게 하소서

오늘 내가 쓰다 버린 물건이
살림살이가 어려운 어느 누군가에게는
아주 귀하게 쓰일 물품임을
잊지 않게 하소서

오늘 내가 무심결에 흘린 말이
마음 여린 어느 누군가에게는
삶 전체를 저버릴 만큼의 큰 상처가
될 수 있음을 잊지 않게 하소서

오늘 내가 보인 상냥함이

의기소침한 어느 누군가에게는
기쁨과 용기를 주어
또 다른 이에게 친절로
이어질 수 있음을 잊지 않게 하소서

오늘 내가 불러준 사랑의 노래가
힘겨워 지쳐버린 어느 누군가에게는
흥이 되어 어깨 들썩이게 하는 힘이
되어 줄 수 있음을 잊지 않게 하소서

그리하여 나의 말과 행위가
어느 누군가에게는 특별한 의미로
남을 수 있음을 항상 기억해
삼가야 한다는 사실을
오늘도 잊지 않게 하소서.

음악의 탄생

신은 자신을 대신해 세상을 위로해 줄
인간을 빚었고

인간은 그런 신의 뜻을 알아차렸기에
음악을 빚었다

무미건조한 삶이 영화가 되고 시가 된다.

행복이 무어냐고 한다면

자신의 인격만큼 행복을 누리게 된다는

어느 102세 철학자의 말씀이 있던 날

그래 행복이 별거냐 남과 비교하지 않는 것이

행복의 제일 조건이지

불행은 욕심에서 비롯된 숙성되지 않은

나의 인격에 있지 하고는 마음을 다잡는다

무엇이 행복인지 어느 것이 불행인지

기분으로 구별되는지는 모르지만

남의 시선으로 재단하지 않고

오로지 겸허한 성찰에 중심을 두면 그뿐

행복이 무어냐고 한다면

세상 모든 게 끝이 있는 법인데

그 짧은 순간 무엇을 누리겠다는 것인지

하고는 되물으면 행복도 불행도

그 경계가 희미해질 터

자신의 인격만큼 행복을 누리게 된다는

그 철학자의 말씀은
한 사람 한 사람이 절대 비교될 수 없는
완전한 우주체요, 고유한 세계로
행복도 불행도 그 안에 있다는 뜻이겠지
성공과 행복을 동일시하는
나의 평소 인격에 부족함을 느끼면서
행복이 무어냐고 한다면
남이 아닌 자신에게 좀더 관심을 갖고
많이 위로하고 껴안고 여유 있게
미소 잘 짓는 것은 아닐지
웃는 모습이 천진한 그분께 묻게 된다.

가슴이 머무는 곳

세상의 여린 것들에게

마음이 간다

높고 크고 잘난 것보다

낮고 작은 것에

눈길이 간다

삶은 그 어느 것이든

다르지 않을 터

아프고 기쁘고

즐겁고

때론 힘이 든 것이거늘

채이는 게 일상인

길가의 돌멩이

물살에 밀려온
풀 죽은 나뭇가지 하나

몸뚱이가 발이 되어 기어가는
지렁이 한 마리와

말없이 살아가는
우리네 이웃들의
뒷모습에
시선이 간다

삶은 그 누구 것이든
다르지 않은 것

큰 숲속 아래
깊은 수심 한쪽

넓은 대지 모퉁이에서

자리 지키고

살아가는

어리고 외롭고

불안하고

그러나 소중한

세상의 여린 것들에게

가슴이 머문다.

독서

책 속에 길이 있다고 해요
열심히 그 길을 만드는
사람들은 얼마나 힘이 들까요
잠깐 책을 들어 읽는 것도 힘든데
그 길 속에 사람과 동물과
나무와 바다를 그려 놓고
생명을 불러넣기까지 하잖아요
책 속에 길은 정말 있을까요
맞아요, 이야기 속을 따라가다 보면
꽃피고 나비가 날아가는 길이 보여요
그 길을 걷다보면
때론 힘이 나고 때론 눈물이 나는
그래서 가슴이 두근두근 뛰는
세상을 만나지요
친구를 만나지요.

떠다니는 여행

시간은 꿈결같이 흐르네

영원히 멈춰 서지 않는

그리움처럼

마냥 소리 없이 흐르네

밤하늘의 별도

지상의 꽃도

운명처럼

지고 피고 진다네

오늘은

내일이 되기 위해

잠깐 머무르는 시간

지금 보이는 것과

만질 수 있는 것과

느낄 수 있는 것

모두

내 관념 속에 있다네

기억을 더듬고

생각을 일으키고

상상하는 것이

위태롭다네

시간은 꿈결처럼 흐르네

사랑도

미움도

증오도

꿈결처럼 아릿해질뿐

오늘은

내일이 오기 전에

모두 사라진다네

듣고 말하고 표정 짓고

찾아오고 떠나가고

약속하는 것과

울고 웃고 기뻐하고

탄식하고 한숨짓는

모두의 시간은

잠시 있다가 없어지는 것

우리는 단지

관념의 여행을 즐길 뿐

모든 건 사라진다네.

그는 지금쯤 홀로 정동길을 걷고 있을 게다

드넓은 초원과 도시의 복잡함

깊은 바닷속도

두려워하지 않는 자의 머리 위로

수억 년 전 별빛이 쏟아지면

그는 언제나 그랬듯이

홀로 그 길을 걷고 있을 테다

시간이 건네 준 여행을 통해

불꽃처럼 웃고 울다가

이제는 우주 한 편 기록으로 굳어진

담장 아래 무릇 피어나는 고독의 줄기

인간의 길은 독하되 위대한 여정이며

숭고한 이념의 정좌 뒤로

스러진 모든 이들의 정연한 의식

그가 걷는 한 보의 걸음 속에

시대는 진보의 아집을 드러내고

감춰진 혼란은 환희의 이름으로 꽃 피리

있을 수 있는 모든 일들이

하늘의 계획대로 이뤄진다 해도

매번 인류의 탄식을 자아내는 땅의 궁핍함에

기쁨의 노래는 한 발 한 발 뒤로 물러선 채

장엄하게 때론 근엄하게

어제를 불러 그를 멈추게 하리

눕지 않는 행성 속

공간을 넘나드는 그의 몸짓

떨쳐낼 수 없는 기억과 이름의 무게에

그는 지금쯤 홀로 정동길

어드메쯤 걷고 있을 테지

암 그렇게 묵언의 수행으로

걷고 있을 테지

고요한 모래 숲과

광활하되 음습한 물결에도

겁먹지 않고

아주 당당히 걷는 자는

이글대는 정열과 겸허함 사이에

또 다른 생의 숙연함으로

머리 높이 들어 태양을 맞이할 거야

지금 그는

천체의 질서를 거슬러

역사의 어느 지점을 걷고 있으니

그 사실을 탐구하고

그것을 무대로 사라지네

꿈결 같다 생각하는 순간

복병처럼 나타나는 그리움처럼 말이지.

외로움에게

그 누구인들 외롭지 않으리
뭇 사람들과 일을 하고
식사와 대화를 나눠도
내 돌아갈 곳은 몸 하나 누울
작은 침대 한편

그 누구인들 외롭지 않으리
혼잡한 세상
긴 말과 큰 그림자 난무하여도
위로받는 그 무엇 없으니

산기슭에 핀 붉은 열매
작은 화단 속 빛바랜 꽃잎처럼
인기척 없는 시간을 숭배하는
그대여

그 누구인들 외롭지 않으리

함께 할 수 없는 운명 앞에

긴 목 빼내 흐느끼는

전사의 근엄함

새벽녘 초승달

가슴에 품은 강물처럼

내 돌아갈 곳은 몸 하나 누울

작은 침대 한편.

울음

울어라

눈치 보지 말고

실컷 울어라

눈물 없는 인생은 없나니

고단함을 잊기 위해

울어라

사람만이 울면서

슬픔을 줄이니

마지막 남은 눈물방울까지

아낌없이 쏟아내라

눈물 없는 삶이란

무미건조한 법

사람만이 울면서

견디는 힘을 얻는다

울어라

마음껏 울어라

울면서 기뻐하고

기뻐하면서 울어라

사람만이 투명한

진주를 만들고

우는 이유를 아는 법

울어라

소리 내어

맘껏 울어라.

이번 생이 다음 생에게

사랑, 그거 아무것도 아니다

옥상 난간에 발 한번 걸쳐봐라

그런 거 생각도 나질 않는다

그리움, 그거 아무것도 아니다

손톱에 큰 가시 하나 찔려봐라

그 생각 별거 없이 사라진다

사랑 때문에 아파하지 마라

그건 다음 생이 너에게

이 생에서 만나서는

안 될 사람이라고 경고하는 거다

그리움 때문에 힘들어하지 마라

그건 이번 생이 너에게

다음 생에 만나게 될 사람이라고

미리 알려주는 신호다

사랑, 그리움

그거 아무것도 아니다

그러니

아파하지도 힘들어하지도 마라

스쳤다가 잊히고

잊혔다가 다시 스쳐가는

무심한 바람 같은 거다

이번 생이 다음 생에게

다음 생이 이번 생에게

서로 말을 거는 거다

서로 알은체하는 거다

그러니 거기에 마음 쓸 필요 없다

사랑, 그리움

그거 아무것도 아니다

가끔은 되돌아볼 수도 있겠지만

그거 아무것도 아니다

그러니

아파하지도 힘들어하지도 마라.

자유

죄를 짓지 말자고 다짐했다

코로나에 걸려 집에만 있자니

그런 생각이 들었다

감옥이 이런 곳인가 싶었다

보이지 않지만 때론 더 선명한 것이

너란 생각도 들었다

그래서 경계를 지녔는가 보다

남들 다 싫어하는 전염병이

오히려 나를

착한 사람으로 만들었다.

4부

아쉬운 마음

무심코

무심코

앞차를 따라가다

다른 길로 들어섰다

인생이

그렇다.

너를 만나서 그랬다

너를 만나서
내 가슴에 꽃이 폈다
세상이 환했다
그 봄날에
떨림은 꽃잎처럼 흩날렸고
지상은 낙원이었다
설레고 꿈결 같았던 시간은
하늘을 떠다니는
구름처럼 감미로웠다
모든 게 기쁨이고
축복이었다
봄 햇살처럼 영혼도
기지개를 켜고
힘겨움도 상처 없이
웃어 넘겼다
그것은 하늘이 내린

선물이었다

네 고운 얼굴이 그랬다

너를 잃고서

마음에 멍울이 맺혔다

세상이 암울했다

그 겨울이

어두운 산등성이처럼 굽었고

지상은 절망이었다

눈물로 밀어내는 네 손길에

갖고 있던 꿈조차

의미 없어 내려놓았다

모든 게 우울했고

아픔이었다

해질녘 그림자처럼

어둠이 내렸다

즐거운 소식 있어도
울면서 흘렸다
그것은 나에게 힘든
악몽이었다
네 슬픈 얼굴이
그랬다

너를 만나서
좋았다
부러울 게 없었다
벚꽃 피고 질 때마냥
눈꽃 일고 사그라질 때처럼
살갑고 아련하게
가슴이
뛰고 저려서
세상이 환했다

마음이 아렸다

너를 만나서

그랬다

가슴에 꽃도 피고

멍울도 맺혔다.

물들고 있어요

지금은

어디에 있는지

무엇을 하고 사는지

어느 누구와 꿈을 꾸는지

알 순 없지만

나는 지금 어둠 깔린

언덕에 서서

당신의 추억에 물들고 있어요

사랑했다고 생각했어요

모든 걸 줄 수 있다고 믿었어요

그만큼 순수했다고 여겼어요

애처로웠어요

내 사랑의 주인공은

내가 아니었고

오로지 그대였어요

그대 미소 하나면 세상이 모두 정겨웠고

그대 손짓 하나에 행복은

꽃을 피워

열매를 맺었어요

언제까지나 그렇게

영원히 머물 거라고

기대했어요

그대 향수에

내 생애가 마비됐어요

그대 몸짓에

내 의식은 옴짝달싹 못했어요

하얀 날이며 하얀 날이어서

푸른 날이면 푸른 날이어서

그대가 있는 곳이면

내 행복은 나래를 펼쳤어요

사는 날 얼마나 될까

백 년이면 며칠이 될까

사실

아무것도 아니잖아요

그런 건 중요하지 않았어요.

지금은

어디에 있는지

무엇을 하고 사는지

어느 누구와 꿈을 꾸는지

알 순 없지만

그래도 감사해요

사는 동안 함께 해서

내 인생

내 기억의 한 페이지를

수놓아 주어서

깊이 감사해요

당신에 물들 수 있어서

행복해요

내 기억의 끝

나를 지켜주고 있어서

고마워요

감사해요

지금은

어디에 있는지

무엇을 하고 사는지

어느 누구와 꿈을 꾸는지

알 순 없지만.

부음

오늘 친구의

부음 소식을 들었다

아등바등

살더니

잘됐다 싶었다

그래

나이 쉰이 넘었으니

그리 뭐 아쉬울까

슬퍼하지 않기로

했다

사는 게

다 그런 거

아닌가 싶었다

그러곤
다음엔 내 차례가 아닌가
생각했다

노심초사
마음 졸이며 살더니
잘됐다 싶었다.

불의의 죽음에 대해서

누구나 다 가는 길이라고
죽음을 위로하지 말자
누군가가 떠난 자리에
또 누군가의 삶이 채워지더라도
죽음은 참담한 것이니
그러함에도
평온한 죽음이라면
비통함으로 애써 감당하겠지만
불의의 죽음에 대해서는
결코 용납하지 않아야 한다
그것이 살아남은 자들이
죽은 이들에게 바치는 예우다
기려야 할 죽음에는
하늘을 탓하며 애통해하자
그러나 불의의 죽음에는
우리 자신을 나무라면서

안이함과 나태에 채찍을 들자

삶과 죽음은 신의 손에 달렸지만

어떤 삶과 죽음이었는지는

우리 의지에 따라 바뀌는 것이기에

불의의 죽음에 대해서는

결코 용납하지 않아야 한다.

이별이 전부인 삶일지라도

만나고 헤어지고

또 맞이하고 배웅하는 것이 전부인 삶일지라도

모두가 똑같은 마음이니

그 이름에 아쉽다 서운하다 하지를 맙시다.

만남과 이별이 있어

성장하고 열매 맺어 또 싹을 틔우노니.

살아가면서, 살아가는 동안

한 번쯤 떠올라 미소 짓게 하는 사람이라면

잘 살아온 거지요, 잘 나눈 사이지요.

인생은 언제까지나 함께 지낼 수 없다오.

만남과 이별은

밤낮처럼 자연스럽게 찾아오는 것이니

서로를 각자의 기억 속에 접어 간직하고

각자의 가슴에 고이 새겨 묻어둡시다.

웃으며 헤어집시다.

이별을 살갑게 여깁시다.

만남은 반갑지만 문득 아파할 테고

헤어짐은 슬픈 일이지만 뜻이 있는 게지요.

인연이란 큰 나무 아래 모두의 삶이 머무니

외롭고 쓸쓸해하지 맙시다.

혹 그런 마음 내려놓을 수 없다면 이렇게 합시다.

눈에 익은 얼굴, 귀에 앉은 목소리

잊지 말고 품어달라는 약속으로

지금껏 하지 못한 말을 하십시다.

사랑해요, 고마워요.

고맙습니다, 사랑합니다.

어느 날인가

헤어진 이를 잊고 살았더라도

다시 보게 될 때

반가운 마음 새순처럼 돋아난다면

이별이 전부인 삶일지라도 감사하며 삽시다.

사라짐으로 궁금하고

나타남으로써 웃음 지을 일 분명 있을 테니

기쁘게 인사를 나눕시다.

마음 허하다 옥죄지를 맙시다.

지상에 머무는 짧은 시간

이별이 무수히 많은 삶일지라도

가끔은 서로의 안부를 묻는 애틋함에

가슴 붉게 물들어 살면 좋겠지만

그렇게 하지 못하는 이들도

모두가 똑같은 마음이니.

만나고 헤어지고

또 맞이하고 배웅하는 것이 전부인 삶일진대

그렇게 합시다, 그렇게 하십시다.

해질 무렵

마땅한 안주가 없는

식탁 한 모서리에서

세월이 안주라던

그대를 떠올립니다.

박해 없는 시대라지만

계급은 어떤 형태로든

그림자처럼 남아 있다던

그대가 생각나는 저녁입니다.

가는 세월이

오는 시간에 밀려나듯

서산 해처럼 감겨드는

초라한 선술집

술을 먹다가

안주 떨어진 술상을 보니

세월이 안주라던

그대가 떠오릅니다

안주 없는 시대를

세월처럼 살아간

그대가 생각나는 하루입니다.

그렇게 일렁이는 삶

한 사람을 잃습니다

마음이 울적해집니다

함께했으면 하는 날이 많아서

끝내 하지 못한 말이 남아서

마음이 시립니다

사는 게 그런 거라고

보이지 않는 게 아픔이라고

일도 사랑도 그런 거라고

일렁이는 가슴 쓰다듬어도

진정되지 않습니다

떠나고 만나고

기뻐하고 웃고 울어도

먼 하늘처럼 아득해집니다

우주 아래

외로움도 기둥이 되어

나를 찾아옵니다

바람도 언덕이 되고

빗물도 강물이 되어

아직 하지 못한 말을

높여 흐르게 합니다

드러내지 못한

언어를 꺼내봅니다

옅은 기억을 더듬어

한 사람을 불러봅니다

아침이 찾아오면

감정도 무뎌지고

보고픔도 멈추게 되겠죠

모든 날이

일렁이는 삶입니다

사랑도 그렇고

이별도 그렇고

밤하늘의 별도 그렇습니다

흩날리는 바람이

살가운 날이면

그대에게 못한 말이

가슴을 때립니다

우린 언제쯤 다시 만나

숨겨둔 말을 이어갈까요

주름진 일상에

빛 고운 물결 일렁이게 하는

한 사람을 잃었습니다

지는 저녁 해가 그렇듯

내 마음이 가엾습니다

함께였으면 하는 날이 있어서

끝내 전하지 못한 말이 남아서

그렇게 일렁입니다.

자리

꽃 떨어진 자리에
열매 맺듯

사랑도
상처로 아물고

사람도
이별로 그립다.

돌이킬 수 없다는 말

살아가면서 가장 무서운 말이

무엇인지

생각하다가

돌이킬 수 없다는 말을 찾았다

돌이킬 수 없는

언덕엔 삶과 죽음도 있고

크나큰 사고의 순간도 있고

떠나간 이를 그리워하는

마음도 있다

이쪽과 저쪽을 그어버린

단언과 단정의 말이

돌이킬 수 없음이요

후회와 안타까움으로

옷을 갈라입는

아찔한 임계선이다

돌이킬 수 없다는 말처럼

암흑의 세계로 초대하는 언어를

지금껏 만나본 적이 없다.

어찌해볼 수 없는

모든 시간의 지배자요

화석이 되어버린 과거

돌이킬 수 없다는 말처럼

그리 처절한

그리 몸서리 처지는 말을

난 지금껏 맞닥뜨린 적이

없다.

세월에 문득

길을 가다

나는 나를 생각해

문득 그러곤 해

길 건너 어둠이 말을 건네 오지

어디를 갈 수 있겠니

외진 곳 한구석에서

그냥 하루를 살아가는 외톨이처럼

오늘을 배웅하고

내일을 맞이하려 해

내 곁을 떠나는 건

너만이 아니라

내가 가진 것 모두가 그러곤 했지

낯선 이름처럼

시간은 가고

가슴에 품은 꿈도 잊게 돼

많은 이들이

그리운 얼굴되어

내 손끝을 스친 듯 말이야

되돌아 갈 수 있다면

두 손으로 상처를 찾아내

가슴으로 안아볼 테야

먼 여행 끝에 도달한

별 하나에 슬픔처럼

암흑처럼 드리워진

발걸음

그래도 나를 빛내주는 건

앞선 이들의 눈빛

그 속에 덧칠해진 미소

모르는 일이야

알 수 없는 곳이야

낯익은 하늘 아래

무수히 흔들리는 바람결에

숨죽인 기억들

홀로 남겨지는 꿈을 꾸곤 해

무리에서 떨어진 풀잎마냥

너무나도 고요한

그러나 쓸쓸한

모르는 일이야

알 수 없는 일이야

문득 내게 던져진 물음에

답하는

슬픔 하나에 별 하나

문든 그러곤 해

길을 가다가도

나는 나를 생각해

내게 던져진 물음에

답하는

별 하나에 슬픔처럼.

만남과 이별

만남과 이별이

어찌 운명인가

일상이지

오늘 만난 사람

내일 볼 수 있다면

행복이지

일상이 되어버린

이별에

마음 두는 것이

미련이지

만남과 이별

짧을 수도

영원할 수도 있어

해와 달처럼

함께하지 못하니

아픔이지.

부재(不在) 1

세상의 모든 슬픔과 아픔
고통과 상처는 부재라는
나무 그늘에서 생기는 법

존재보다 더 큰 힘으로
우리의 일상에 군림하는 것

존재는 감각을 모으고
부재는 감성을 나누기에
더 큰 울림과 깊이를 갖는 법

세상의 모든 그리움과 기다림
욕심과 미움 또한
부재라는 뜰에서 나고 자라는 것

부재를 느끼는 것만큼

무섭고 힘든 일은 없다.

부재(不在) 2

네가
이곳에 있지
아니함만으로
나는 숨이 멎은 듯
괴로웠다

보이지
않는 것이
이토록 견디기
어려운 일인지
지금껏 몰랐다

있다가
없어지는 것
사라진다는 것이
애를 끊는 것보다

몇 곱절 아팠다

네가

이곳에 있지

아니함만으로

아무리

눈물을 흘려도

슬픔이 씻기지

않았다.

*배우자를 잃은 이승길 님을 생각하며

아쉬움

내 이야기를 들어보소
키 작은 세월을 보내고
지금은 지나온 시간에
색상을 입힌 후
내 좋아하는 강가에 앉아
그대를 생각하노니
지는 노을처럼
붉게 물드는 것은
내 가슴만이 아니더라.
사랑으로 펄럭이는 추억아
떠나가는 강물에
실려 가는 얼굴아
눈물 한 줌 내 어깨를
적셔오는 쓸쓸한 하루해는
그림자 길게 지느나니
시간은 내 의지와 상관없이

흐르고 내리고

작은 가슴에 그리

한 많은 아쉬움 남아 있어

꿈결 속에서나 만나 볼까.

숨 막히는 호흡에

나도 기겁하여 일어나니

인생은 허접한 생각의

끝에 매달려 있어

미소 한 번에 눈 한 번

찔끔 감아보면

다 잊히는 것을 알아.

흐르는 것은

시간도 추억도 아닌

지나온 시간의 색상

그것이 아니라고

부인하면 그리 될까 싶어

다시 고개 드는 그리움

내 이야기

내 좋아하는 강가에 앉아

그대를 생각하노니.

눈비

후드득

하얀 눈송이가 살아 있어요

피아노 건반을 미끄러지듯이

아린 별똥별이 떨어지고 있어요

숲속 나무가 노래를 불러요

먼 우주에서 불어온 온기에

후드득 놀라 오줌을 지려요

입김이 빚은 몸을 데워

다시 여행을 떠나는 수줍은 기척

후드득 눈송이가 살아 있어요

볕 좋은 오후 한낮

하이얀 무지개가 너울 피어요.

하늘을 품는 사랑이라서 때론 눈물이 난다

하늘을 품는다는 건

태양과 구름

그리고 바람을 등진 채

가끔은 우박과 천둥번개를 쏟아내는

그 뜨겁고 차가운 넓은 가슴을 포옹하는 일이니

때론 힘겨워 눈물을 흘릴 수밖에 없는 게지요

사랑은 나고 자라온 곳도 다르고

보고 배우고 익힌 습관도 달라

생각하는 가치가 일치하지 않은

한 생애를 온전히 가슴에 안는 일이고

아픔과 고통과 환희와 기쁨의 원천인

타인의 마음을 내 것으로 만드는 일이니

때론 버거워 눈물을 흘릴 수밖에 없는 게지요

사랑은 그 넓고 깊은 하늘을 품는 '하품'이요

알 수 없는 한 사람의 인격을

마주하고 이해해야 하므로

저절로 입이 벌어지는 깊은 숨의 '하품'이니

생각만 해도 움찔해 눈물이 나는 게지요

하늘을 품는 게 사랑이라서

때론 눈물이 나는 게지요.

5부

———

개미의 향수

안성(安城)

호숫가 버드나무

사철 일렁이는 곳

포도 향 그윽한 계절이면

사람들 모여드는 상서로운 마을

어린 꼭두쇠 외줄에 꿈을 싣고

신명나게 돌아본 오일장엔

너른 들 오곡, 이야기도 한아름

세 정맥 품에 두른 천년 고찰

호국령 깨우는 풍경소리와

거룩한 성호(聖號)를 에둘러 흐르는

양반 하천가 꽃신 한 켤레

뜨끈한 삼 곰국과 붉은 어탕에

놋그릇 농주 한 잔 맑게 빚어지면

흥에 겨운 태평무

달밤 배꽃처럼 물드니

그리운 날이면 전설 속 시인들도

하얗게 내려와

편안히 성을 쌓는 곳.

고삼 호수

물안개 겁나게 타오르면
한 치 앞 모르는 인생처럼
아름다움도 끝이어라

팔자섬 뒤척이는 물결에
물새 가로질러 날아가니
섬섬옥수 결 좋은 산세여라

좌대도 그림이 되고
하늘도 풍경으로 갇힌 곳
그 고요함이 사무치어라

속 깊은 이야기 엉거주춤
갈대에 쟁여 놓고
풀빛 바다 억세게 품치어라.

금광호수에서

삶도 때때로
흔들려 물결치는 법

비좁은 모래톱
물에 젖어 사라질까

청둥오리 물질에도
숙연해진 물바다

홀연히 떠 있는
배 한 척
시나브로 멈추니

저녁놀도
쉴 곳 찾아 눕는다.

미산저수지

감미로운 음악도

숨죽이며

사색 드는 곳

사람들 이야기

햇살이 되고

햇살도 강 숲 되어

눈이 부시네

눈사막 펼쳐진 1월

천국의 문이 열린다는

소식을 들었나

므네모시네^{*}

하늘의 신과 땅의 여신

수천 년을 건너와

당신 부르니

바람조차
기꺼이 길을 내어준다네
목을 숙인다네
므네모시네.

*므네모시네 : 그리스 신화에 나오는 기억의 여신

죽주산성에서

15일간의 전투는 길었고 승리했다지만 처절했으리
시시각각 찾아온 공포와 죽음이 하늘을 덮었으리라
그럼에도 구절초는 무심히도 피고
배롱나무 꽃잎은 생각 없이 붉었을 테지

세월 딛고 위용 갖춘 포루 앞에 그대가 서 있네
외롭게 산야를 굽어보며 한없이 울었을 그대여
무너진 언덕배기 성곽에 널브러진 주검만큼
고뇌가 산을 이루고 눈에 밟힌 장졸들이
칼날처럼 흥건했으리
그럼에도 창궁엔 뭉게구름 두둥실
씨방 익힐 햇살은 야속하게 따가웠을 테지

북방 땅 올려보고 남녘 산하 내려보며
아직 갑옷 벗지 못한 채 충절을 다그치는
그대가 보이네.

누이

내게 도화지 있다면
그네들을 그리겠소
얼굴 하나 하나
희고 곱게 그리겠소
동짓날 붉은 달처럼
가슴 시리게
부모님 곁불 쪼이던
쪼그매 어린 누이들
멍울 망울
예쁘게 찍어 그리겠소
흰 도화지가 있다면
그네들을 그리겠소
아궁이 화롯불 담아내듯
고이고이
꼭 그렇게 해야겠소
바라건대 잘 살아주시오.

그 분

거울 앞에서
아버지의 얼굴을
봅니다
말을 하면서
아버지의 목소리를
듣습니다.
밥을 먹다가도
술을 마시다가도
얼핏 아버지가
살아오신 것만
같습니다.
걸음걸이며
닮고 싶지 않았던
성격과 버릇이
가장 닮아갑니다.
참으로 기이한

일입니다

내 몸 어딘가에

그 분이

계신 것만 같습니다.

그래서인지

괜한 투정을

부리게 됩니다.

계시옵니다

어머니

내 가슴에 계시옵니다

힘들 때보다 기쁠 때

더 많이 찾아오시옵니다

늘 마음 한편에

자리잡고 계시옵니다

살아가신 나날

안쓰럽고 가여워서

눈시울 적셔옵니다

어머니

내 가슴에 계시옵니다

환한 낮보다 깊은 밤에

더 많이 찾아오시옵니다

늘 마음 한쪽에

올곧게도 계시옵니다

살아가신 나날
아릿하고 애잔해서
눈가를 적셔냅니다.

괜스레

우리집 녀석이
자신이 바라는 고등학교에
배정되지 않아 울었다고 한다

녀석도 세상일이
모두 원하는 대로 이루어지지
않음을 알았을 것이기에
괜스레 세상에 불러낸 것이
미안했다

살아가면서 겪게 될
실망과 절망,
언젠가는 닥칠
사랑하는 사람들과의 이별,
거친 세상 홀로 헤치며
맞이하게 될

외로움과 힘겨움을

생각하자니

괜스레 세상에 불러낸 것이

미안했다.

| 에필로그 |

개미의 자화상

개미 1

무심코 내려다 본

땅바닥에

개미 한 마리

하늘 올려보니

너나 나나

매한가지.

개미 2

내 발에

길이 막힌 일개미

머리 굴려

둘레길 만든다.

개미 3

도시를 폐허로 만든
태풍과 허리케인

개미집 구멍에
오줌을 갈겼던
누군가의 행동.

개미 4

검정 드레스에
잘록한 허리
황토 카펫 활보하는
여왕개미.

개미 5

개미 똥고 먹고는
퉤퉤퉤!

인간의 쪼잔함에

개미도
신맛 나는
세상.

개미 6

제 몸보다 큰
먹이 끌고 가는 개미에게

죽은 동료 사체 옮기는
그대들에게
나는 지켜봄으로써

경의를 표한다.

개미 7

나무 껍데기에 맺힌 개미흙은
아프리카 굶주린
아이들에게 먹이가 되고

그 부드러운 흙을
만들어내는 개미는
개미핥기에게 먹이가 된다.

개미 8

에계계
저 작은 곤충도
사랑을 하네

끊임없이 사랑하라
마음의 별이 지기 전에

2023년 5월 8일 1쇄 인쇄 | 2023년 5월 12일 1쇄 발행

지은이 손남태 | 편집총괄 은영미 | 편집 이영혜
펴낸이 이종근

펴낸곳 | 나라원 | 출판신고 1988. 4. 25(제300-1988-64호)
주소 | 서울 종로구 종로53길 27 나라원빌딩 (우. 03105)
대표전화 | 02-744-8411, 팩스 02-745-4399
홈페이지 www.narawon.co.kr
이메일 narawon@narawon.co.kr

ISBN 978-89-7034-292-4 (03810)

* 잘못 만들어진 책은 구입하신 서점에서 교환해드립니다.
* 책값은 뒤표지에 있습니다.

땅속
수북이 쌓인
개미알.

개미 9

땅 위를 줄지어 가는
개미떼나

비행기 여행 다니는
사람들이나

해지면
돌아갈 곳은

하늘땅 아래
작은 집.